W0350125

Préface

Chers enfants de 1964,

Si, comme tout le monde, nous sommes nés sans trop choisir notre époque, notre génération est plutôt bien tombée. C'était un temps où l'on ne badinait pas avec les trois repas quotidiens, les vacances en famille et les « bonjour, madame ». Une époque marquée par la fin des années de Gaulle, de nombreux bouleversements sociaux (exode rural, nouvelles banlieues), un confort nouveau (premières autoroutes, Salon des arts ménagers), les premiers pas de l'Union européenne...

À l'époque, nous nous voulions « modernes ». Nous étions confiants : l'avenir était radieux. Le futur ressemblait à l'Amérique, avec ses ouvriers prospères, ses villes verticales, ses voitures chromées, ses enfants bien nourris aux corn-flakes et au lait pasteurisé. Le virus du sida, le chômage de masse (la France ne comptait encore que 24 000 chômeurs) et la mondialisation étaient encore loin.

Pendant que nos parents s'ébattaient dans la société de consommation naissante – Papa achetait une nouvelle voiture et une montre Kelton, Maman un blouson Courrèges et un robot ménager à durée de vie prédéterminée –, nous, les enfants, nous lisions *Le Journal de Mickey*. Bientôt viendraient E.T., la mode des Kickers et des Stan Smith, Madonna, Michael Jackson, et le crâne chauve de Mitterrand sur nos écrans de télévision, un certain soir de mai 1981.

Et pourtant, comment le dire autrement, le bonheur nous a semblé un peu inaccessible. Pour nous, il était directement lié aux choses que l'on acquiert, au culte du paraître. C'était une drôle d'époque, où la règle était de désirer toujours plus que ce que l'on pouvait acquérir. Mais était-ce vraiment hier ?

Vincent Grive

Vincent Grive

1964-1966

Quand le **cercle de famille** s'agrandit

Près de 820 000 bébés naissent en 1964.

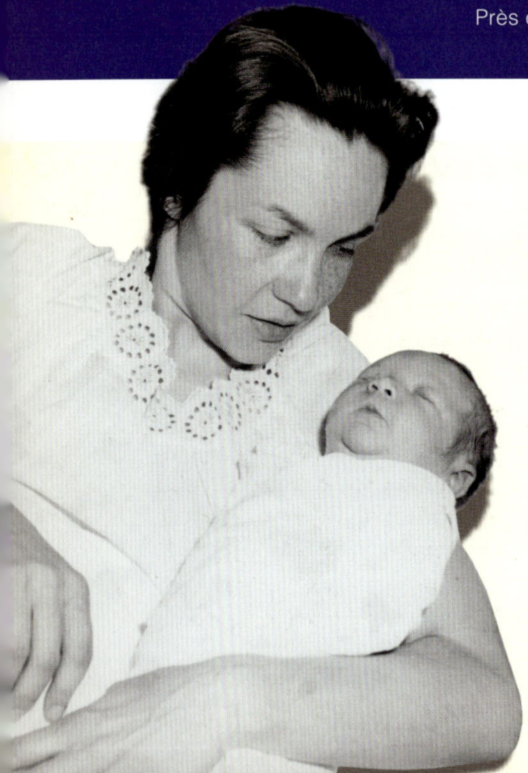

Un lourd héritage

En naissant pendant l'entre-deux-guerres, dans les années trente, nos parents ont connu une drôle d'enfance. Après la première guerre mondiale, la France, pourtant profondément meurtrie, parvient à se reconstruire rapidement. Ces années sont témoins d'un formidable élan intellectuel, artistique et technique qui voit se développer autant le cinéma et la radio, que l'aéronautique et l'automobile. Cette période semble dessiner les prémices de nos sociétés

Chronologie

25 février 1964
Cassius Clay devient champion du monde de boxe. Il prendra le nom de Cassius X, puis de Mohamed Ali.

12 juin 1964
Nelson Mandela est condamné à perpétuité. Il sera libéré vingt-sept ans plus tard par le président sud-africain Frederik de Klerk.

14 juillet 1964
Pour la cinquième fois, Jacques Anquetil remporte le Tour de France.

19 décembre 1964
À l'occasion du transfert des cendres de Jean Moulin au Panthéon, André Malraux, ministre de la Culture, rend hommage à l'ancien chef du Conseil national de la Résistance et à tous ceux qui ont lutté contre l'Occupation nazie.

7 février 1965
Les Américains bombardent le Nord-Vietnam, marquant ainsi le début de la deuxième guerre d'Indochine.

21 février 1965
Malcolm X, leader du mouvement noir américain des Black Panthers, est tué lors d'un meeting à Harlem (New York) à son retour d'un pèlerinage à La Mecque.

19 juillet 1965
Le tunnel du mont Blanc, qui relie Chamonix à Courmayeur (Italie), est mis en service.

9 octobre 1965
Exécuté sommairement par l'armée bolivienne, Ernesto « Che » Guevara devient une icône révolutionnaire dans le monde entier.

19 décembre 1965
Pour la première fois depuis 1848, les Français élisent leur président au suffrage direct. Leur choix se portera à 55,2 % sur le général de Gaulle.

19 janvier 1966
En Inde, Indira Gandhi accède au poste de Premier ministre.

18 août 1966
En Chine, début de la Révolution culturelle.

14 novembre 1966
Diffusion, sur la deuxième chaîne de l'ORTF, de « Flipper le Dauphin ». Peu à peu, la série américaine sera suivie par plusieurs millions de jeunes téléspectateurs.

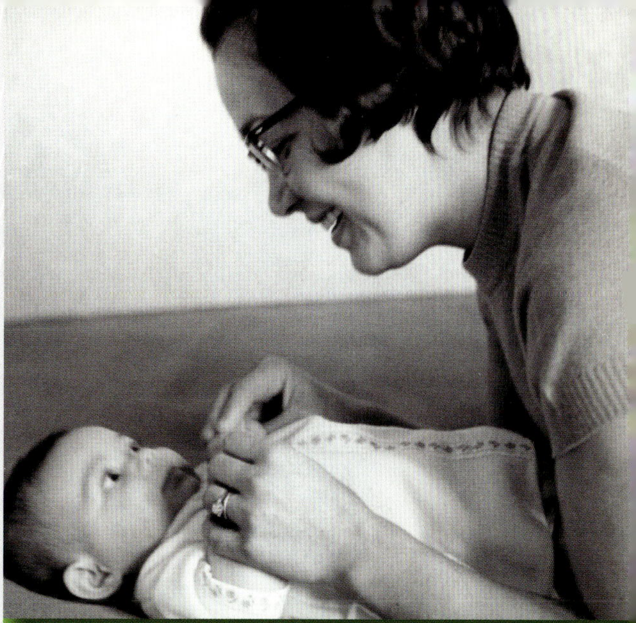

Que me veut cette personne ?

actuelles, marquées par la rapidité des communications et la consommation de masse.

Puis, c'est la seconde guerre mondiale qui bouleversera la vie de nos parents. Enfants lucides que l'histoire a obligés à grandir trop vite, ils connaissent alors les rutabagas, les tickets de rationnement, les cols et les poignets de chemise retournés pour en cacher l'usure, la radio écoutée en cachette, les discussions à voix basse interrompues à leur arrivée dans la pièce. Ils connaissent parfois bien pire.

Peu importe qu'ils aient partagé ou non les impressions et les souvenirs que cette période leur a laissés : nous en conservons forcément quelque chose. Les valeurs qu'ils nous ont transmises, consciemment ou non, sont empreintes de leur peur du danger, de perdre ceux qu'ils aimaient et qui les protégeaient, de leur sens de l'économie et du collectif – un certain rapport au monde, en somme.

Premiers supermarchés…

L'essor de la société de consommation

Entre 1950 et 1968, le pouvoir d'achat des Français a doublé et la classe moyenne s'est considérablement développée : elle représente désormais les deux tiers de la population. Les supermarchés, les hypermarchés et les grandes surfaces spécialisées éclosent un peu partout. Ils répondent aux besoins d'une nouvelle société, cette fameuse « société de consommation ».
Les femmes sont de plus en plus nombreuses à travailler à l'extérieur, et manquent de temps pour faire des courses tous les jours. Elles privilégient donc les grandes surfaces, essentiellement implantées en périphérie des villes, où les terrains sont moins chers – cet éloignement est rendu possible par la démocratisation de l'automobile.
La consommation observée alors reflète l'optimisme, la confiance en l'avenir et la croyance en une ascension sociale collective et continue. Si les comportements varient encore beaucoup d'une classe sociale à l'autre, on verra émerger dès la fin des années soixante un mode de consommation dépassant les logiques de classes.

Ce monde-là est bien surprenant.

Entre désir et frustration

La guerre est loin, l'espoir d'une vie meilleure habite les esprits. 1964 semble être une année particulièrement propice aux bébés : elle est marquée par un pic dans la courbe démographique. Les femmes ont en moyenne 2,9 enfants, contre 2,4 en 1972 (année où la pilule dépasse le million d'utilisatrices), et moins de 2 après 1973. Cette période de baby-boom, qui s'étend de 1946 à 1974 environ, est le fruit du développement des crédits, de la publicité et de la modernisation de l'industrie, mais surtout celui de diverses avancées sociales, comme l'instauration du SMIG (salaire minimum interprofessionnel garanti) ou la généralisation de la Sécurité sociale. Inscrite en 1946 dans la Constitution, l'obligation d'assistance financière de la collectivité envers les personnes exposées aux risques sociaux les plus importants, a ainsi généré une atmosphère de relative sécurité et de confiance en l'avenir.

Pourtant, si les femmes continuent à vouloir des enfants, elles rêvent aussi à la liberté de choisir quand. Et si elle est toujours glorifiée, la maternité prend un autre visage. Ce n'est qu'en 1967, avec la loi Neuwirth, que la contraception sera autorisée, inaugurant un bouleversement des mentalités. Cette nouvelle

Le baptême, premier moment important de la vie de beaucoup d'entre nous.

maîtrise de la conception permettra de dissocier sexualité et fécondité, et contribuera à favoriser l'entrée des femmes sur le marché du travail – dans les milieux culturels et, à un moindre degré, dans la vie politique. La loi Neuwirth, qui annule celle du 31 juillet 1920 qui interdisait toute contraception, ne sera vraiment appliquée qu'à partir de 1972, du fait de nombreux freinages opérés par l'administration. Quant à la légalisation de l'IVG, les femmes devront attendre la loi Veil de 1975.

L'accouchement reste par ailleurs une affaire de femmes, dans laquelle l'homme n'a pas un grand rôle à jouer. Un père qui souhaite assister à la naissance de son enfant devra faire preuve de beaucoup de motivation face au personnel médical.

Quant à celui-ci, il a peu à peu réussi à sensibiliser les femmes aux risques que comporte l'accouchement à domicile, pour la mère comme pour l'enfant. Désormais, on le pratique, dans l'immense majorité des cas, à l'hôpital et non plus à la maison.

Quel que soit le lieu d'accouchement, que le papa soit là ou pas, la même question se pose : quel prénom choisir ? Pour les filles, Sylvie, Nathalie, Véronique, Corinne, et pour les garçons, Pascal, Philippe, Patrick, Thierry, Éric, arrivent en tête du hit-parade.

Le premier ami.

Babines, tétine, blédine

L'allaitement est vécu par de plus en plus de mères comme « une servitude épuisante », selon les mots de Simone de Beauvoir. Dans les années soixante, plus des trois-quarts d'entre elles optent pour le biberon, pressentant déjà ses mérites en terme de gain de temps et de liberté de mouvements. On peut même dire qu'il représente, au même titre que la machine à laver en son temps, une véritable révolution culturelle. De grands groupes alimentaires, comme Nestlé, investissent le nouveau marché des laits maternisés. Finis les bébés rivés au sein, les crevasses, les angoisses sur les quantités avalées... Autant de soucis en moins pour les femmes, qui font de plus en plus fréquemment le choix d'investir le monde du travail, de revendiquer leur indépendance financière et de s'émanciper de la tutelle de leur époux.

Les pères construisent des maisons de poupées pour leurs petites filles.

À la maternité, la règle est alors de nous priver de toute nourriture jusqu'à un moment qui varie selon les écoles – chute du restant de cordon, premières selles ou perte d'un certain poids – pour éliminer ce qui nous reste dans le ventre de substances maternelles avant de nous biberonner. On impose également des horaires aux bébés, et nous avons tout intérêt à être affamé avec ponctualité. À peine nés et déjà frustrés...

En ce qui concerne les changes, les couches-culottes n'ont pas encore pénétré les foyers. Nous sommes toujours enveloppés dans des langes de coton, attachées avec de grosses épingles roses ou bleues. Ce n'est qu'à la fin des années soixante que les mères pourront dire adieu à l'effroyable corvée du lavage grâce aux couches jetables.

Pour le moment, les premiers jouets d'éveil ne représentent pas non plus un marché florissant. Ils se limitent aux hochets, aux mobiles et aux cubes à empiler. Nous nous contenterons des meilleurs jouets, ceux qui nous sont interdits : une clef, un caillou ou un vieux bonbon.

Et quand vient un gros chagrin, pas question de mâchouiller une tétine ! Les guides de puériculture la rendent responsable de tous les maux : elle serait sale, inesthétique, déformerait notre mâchoire, abîmerait nos quenottes... Ce qui dérange surtout, c'est visiblement l'idée que les bébés se procurent tout seuls une satisfaction physique, un plaisir indépendant de ce que les adultes décident de leur donner. Dans nos poussettes aussi, nous restons sous un contrôle étroit : nous faisons face au pousseur et ne sommes pas tournés vers l'extérieur, comme c'est le cas aujourd'hui.

Non, l'heure n'est pas encore venue de l'enfant-roi.

Affiches à Paris pendant les élections de 1965.

La première campagne électorale sur petit écran

À la fin de l'année 1965, les Français élisent pour la première fois leur président au suffrage universel. Pour la première fois, la bataille se jouera aussi à la télévision, où tous les candidats disposent d'un temps de parole de deux heures. Ainsi, le 19 décembre, sont diffusées les professions de foi de cinq des six candidats, parmi lesquelles celle de Jean Lecanuet pour le Mouvement républicain populaire (MRP), et de François Mitterrand pour la Convention des institutions républicaines (CIR). Seul le général de Gaulle, dont la campagne repose sur sa différence affichée par rapport aux autres candidats, n'utilise qu'une trentaine de minutes réparties en trois allocutions. Cette stratégie ne sera pas payante : le ballottage dans lequel il se retrouve, et qui s'apparente pour lui à une défaite, le contraindra à courtiser lui aussi l'électeur sur les ondes télévisées. De Gaulle accepte donc de participer à une série d'entretiens avec le rédacteur en chef du Figaro littéraire*, Michel Droit. Le général se montre allègre et convaincant : le 19 décembre 1965, face à François Mitterrand, il remportera le second tour de l'élection présidentielle avec 54,5 % des voix. Dans* Le Figaro*, Jacques Faizant dessinera sa célèbre Marianne déclarant au général : « Tu vois, gros bêta ! Tu m'aurais parlé comme ça plus tôt... »*

Déjà des rêves d'ailleurs.

Un vent de liberté

Venue des États-Unis, la grenouillère, qui apparaît en France en 1960, est une véritable révolution pour nos mamans. Ouvert dans le dos, ce vêtement « grandit avec l'enfant », comme le promet le slogan de la marque Babygro, qui deviendra rapidement un nom générique. Confortable et agréable au toucher, ce n'est pas en soi un vêtement nouveau – mais oser nous montrer ainsi vêtus le jour constitue une révolution comparable au lancement de la mini-jupe.

Nos mères étant peu tentées par le tricot, c'est la société Coudémail qui nous fournit en laine, grâce aux mains habiles de tricoteuses professionnelles – ce n'est qu'en 1967 que l'usine s'équipera de métiers automatiques.

Nous trouvons aussi dans les tiroirs de nos commodes, la célèbre culotte créée au début du siècle par Petit Bateau, dont le nom est inspiré de la chanson *Maman les p'tits bateaux* – car en ce temps-là, on nous chantait encore des berceuses. Dans les années soixante, la marque innove avec la bouclette éponge, créant ainsi des pyjamas doux et confortables.

Pour laver nos adorables grenouillères, la lessive n'est plus la corvée d'autrefois. Les machines à laver révolutionnent des habitudes ancestrales. Les lessives aussi sont en net progrès. Persil lance Persil 65 pour répondre à l'arrivée de nouveaux textiles comme le nylon et le perlon. Omo fait mouche avec le slogan : « Omo est là, la saleté s'en va ! »

Pour se tailler une place sur ce marché bien encombré, Procter & Gamble lance le cadeau Bonux. À la demande de la société, Joseph Gillain, auteur de BD, réalise une série de petits jouets. Depuis le petit train en plastique gravé au nom de la marque, les modèles n'ont cessé d'évoluer au gré des goûts et des époques, parallèlement aux formules de lessive. Ainsi sommes-nous passés de la corde à sauter à la locomotive, des billes au dé à coudre, du couteau à beurre au puzzle... À chaque fois, impossible de deviner quel objet se trouve dans le paquet : effet surprise garanti ! Ce cadeau devient une telle institution qu'il entrera même dans le langage courant : « Eh, tu l'as eu où ton permis, dans un paquet Bonux ? »

Si, depuis nos grenouillères, nous n'attachons que peu d'importance à la mode, il n'en est pas de même pour nos mères. Devenues actives, elles recherchent désormais des vêtements qui favorisent la liberté de leurs mouvements. Les jupes, qui se portaient au-dessous

Persil lave plus blanc !

Mignonne, allons voir si la rose...

du genou, vont progressivement et légèrement se raccourcir. Peu à peu, les femmes portent un pantalon au travail, à l'école et même lors de soirées chic ! André Courrèges lance ses premières jupes blanc argent, ses pulls moulants ornés de son fameux petit sigle, ses bottes brillantes en PVC… Pierre Cardin propose des ensembles composés d'un pantalon ajusté et d'une veste à col montant. Une mode qui reste peut-être un peu raide – mais pour nous, même avec des bigoudis sur la tête, notre maman est de toute façon la plus belle du monde…

L'arrivée de la mini-jupe

Véritable symbole de la libération des femmes, la mini-jupe est lancée en 1962 par une jeune Anglaise, Mary Quant. En France, elle influencera un grand couturier, André Courrèges, qui créera des jupes non pas droites, mais évasées sur les côtés – les célèbres « jupes trapèze ».
Ce bout de tissu pousse-au-crime, qui doit atteindre dix centimètres sous les fesses pour mériter l'appellation de « mini-jupe », fait scandale dans certains milieux conservateurs. Noëlle Noblecourt, présentatrice de télévision, a été licenciée de l' ORTF pour avoir montré ses genoux à l'écran. Aux yeux de Coco Chanel, ce vêtement est une « hérésie ». Christian Dior, qui considère le genou comme la partie la plus laide du corps, déplore lui aussi amèrement son invention.
Cela n'empêche pas de nombreuses personnalités, comme Sylvie Vartan, Françoise Hardy, Catherine Deneuve ou Brigitte Bardot, de l'adopter aussitôt. Dans la lignée du phénomène, la chanson « Mini, Mini, Mini » de Jacques Dutronc (1966), mais aussi une déclaration de Roland Barthes en 1969 dans le magazine Marie-Claire *: « Ce n'est pas un raccourcissement, mais une construction parfaite ». Quant à Mary Quant, elle confiera avec élégance : « Ni moi, ni Courrèges n'avons eu l'idée de la mini-jupe. C'est la rue qui l'a inventée... »*

« Deviens ce que tu es ! »

L'introduction de la psychologie dans la relation mère / bébé va avoir des conséquences de taille sur notre évolution. Nos mères sont désormais considérées comme le pilier de l'équilibre affectif, et les pères sont de fait évincés de cette relation. Il faudra attendre de longues années pour qu'ils

Comme il est bon de grandir entre cousins.

reprennent du poil de la bête, et que règne l'ordre des « papa-poules » !

Dans le domaine de l'éducation, on ne cherche plus à contraindre les enfants à s'aligner sur ce qui est commun à tous. Peu à peu, l'injonction n'est plus d'obéir, mais de devenir ce qu'on est. Ce n'est pas une coïncidence si les pères et les mères commencent à redouter de ne pas être « de bons parents »...

Pour aider nos parents démunis à s'orienter, Laurence Pernoud publie en 1965 *J'élève mon enfant*. Preuve de son sérieux, l'ouvrage sera même couronné par l'Académie de médecine. Dans le même temps, Françoise Dolto, l'une des premières psychanalystes pour enfants, exprime l'idée que le nouveau-né aspire d'abord à communiquer. Elle considère les désirs du bébé comme tout aussi respectables que ceux d'un adulte.

Même si l'heure n'est pas encore à l'enfant-roi dont on collectionnera les échographies, les parents vont de plus en plus considérer le bébé comme une personne à part entière. Il possède des racines, une histoire, des souvenirs qu'il est important de consigner dans les premiers livres de naissance, puis dans de grands albums photos. Selon le degré de créativité de nos mères et les talents de photographe de nos pères, ces albums se borneront à restituer les grands événements de notre enfance – poids à la naissance, premiers pas, rentrées scolaires, communion – ou bien foisonneront d'anecdotes croustillantes que nos mères ne manqueront pas de nous resservir à l'adolescence, de préférence le jour où nous leur présentons notre premier flirt !

1967-1969

Les premiers apprentissages

Le choc des photos, en attendant de savoir apprécier le poids des mots.

À bas la maternelle !

Trois ans, l'heure des responsabilités a sonné : il est temps d'entrer à l'école. D'autant que la scolarisation précoce est désormais perçue comme un facteur essentiel de notre développement et un gage de réussite ultérieure. Et si jusque-là, l'école maternelle était plutôt réservée aux classes sociales moyennes et populaires, les Français font de plus en plus souvent appel aux institutions collectives pour nous garder et nous éduquer.

Dans la classe, depuis notre petit pupitre, nous nous observons les uns les autres. Nous jouons avec de la pâte à modeler, dont le goût s'avère très salé, jaune, rouge ou bleue, et contenue dans de petits pots jaunes.

Chronologie

16 février 1967
À Paris, André Malraux inaugure l'exposition Toutankhamon au Petit Palais, qui accueillera 1 300 000 visiteurs, un record absolu.

30 mai 1967
Proclamation de l'indépendance du Biafra, région du sud-est du Nigeria, suivie d'une guerre civile meurtrière (près de deux millions de morts, victimes des combats, mais aussi et surtout de famines et d'épidémies).

5 juin 1967
La guerre des Six Jours éclate, opposant Israël à la Ligue arabe. En moins d'une semaine, Israël va tripler sa superficie.

1er octobre 1967
La télévision en couleurs fait ses débuts en France. Le premier reportage diffusé montre un largage de parachutistes.

18 février 1968
Jean-Claude Killy devient un héros national en remportant les trois médailles d'or du ski alpin, aux Jeux olympiques d'hiver.

4 avril 1968
Martin Luther King est assassiné par un ségrégationniste blanc sur le balcon du Lorraine Motel à Memphis, dans le Tennessee.

29 avril 1968
« Les Shadoks », un dessin animé de deux minutes, est diffusé pour la première fois à la télévision et soulève une avalanche de lettres de protestation.

9 décembre 1968
La souris pour ordinateur est présentée pour la première fois lors de la conférence des sociétés d'informatique, tenue à l'université de Stanford en Californie.

2 mars 1969
L'avion Concorde réalise son premier vol. Il franchira le mur du son le 19 novembre suivant.

20 juillet 1969
Neil Armstrong est le premier homme à poser le pied sur la Lune.

19 novembre 1969
Edson Arantes do Nascimento, dit le roi Pelé, marque son millième but professionnel.

14 décembre 1969
La SNCF inaugure le premier tronçon de son Réseau express régional, reliant Nation à Boissy-Saint-Léger (Val-de-Marne).

Concentration maximale.

Dès les années soixante, grâce aux travaux de Jean Piaget, les éducateurs inaugurent une nouvelle pédagogie à base de projets. Désormais, la construction de la personnalité de l'enfant prend le pas sur le seul apprentissage. L'organisation autonome et la coopération deviennent des valeurs essentielles.

Quant à moi, l'école me déçoit : on n'y apprend pas à lire et j'étais venu pour ça. Et je ne comprends vraiment pas pourquoi on nous oblige à aller faire pipi tous en même temps pendant la récréation. Heureusement, à quatre heures sonne l'heure magique, la délivrance, la quille : « l'heure des mamans »...

À l'école maternelle dans les années soixante.

Le règne de l'imagination

Peu de jouets, mais beaucoup d'imagination pendant ces jeunes années où nous nous amusons d'un rien : une branche cassée, un filet à oranges vide, une boîte à chaussures, ou encore les bandes blanches du linoléum de notre chambre qui forment les routes où avancent nos Simca Océane, nos

Première leçon de choses.

Renault Dauphine et nos 203 Peugeot des marques Jep, Norev ou Joustra, sans oublier la sublime 404, dont l'intérieur s'allume en ouvrant les portières.

D'autres jeux nous ravissent, comme les Lego, et en particulier l'ensemble ferroviaire disponible à partir de 1966. Nous pouvons passer des heures à chercher une petite pièce au fond de la grande boîte où nous les stockons, souvent un baril de lessive Bonux. Et quand elle reste introuvable, rien ne sert d'implorer le dieu des

Les jouets sont conçus avec art. Combien d'heures avons-nous passées à garer dans le parking nos Simca Océane, Renault Dauphine, 203 Peugeot... ?

Lego : tous les efforts déployés pour construire ce château fantastique n'ont servi à rien, sauf à accorder quelques heures de tranquillité à nos parents.

Les filles jouent évidemment à la poupée, dont les modèles les plus extraordinaires comportent un anneau caché sous la robe rose. Il suffit de tirer dessus pour faire rire et « parler » la poupée. Combien de frères espiègles ont cruellement coupé la ficelle ?

Le soir, on vient nous lire une histoire pendant que le dîner mijote. Le Petit *Chaperon rouge*, *Babar*, *Les Trois Petits Cochons* avec celui qui fait toujours le malin... Mais aussi, plus récentes, les aventures du Petit Nicolas, personnage imaginé par René Goscinny et dessiné par Jean-Jacques Sempé. Nous nous identifions aussitôt à lui, ses bêtises, ses colères, et partageons ses difficultés à décrypter le monde des adultes. On le reconnaît facilement sur les dessins de groupe : il est le seul garçon aux cheveux noirs. Premier éloge de la différence...

Ce ne sont pas toujours les plus petits qui s'amusent le plus.

En famille, le dimanche après-midi, nous jouons au jeu de l'oie, aux 7 Familles ou aux dominos. Les plus chanceux ont le droit de regarder la télévision, surtout « Le Manège enchanté » et « Nounours » avant d'aller se coucher. Les soirs de spleen, la flûte mélancolique qui accompagne Nounours et le marchand de sable se retirant sur leur nuage, peut nous arracher des larmes.

Le jeudi, jour de liberté qui cèdera sa place au mercredi en 1972, nous allons au square : nos mères retrouvent leurs amis, et nous les nôtres.

Manifestation des jeunes PTT à Paris en mai 1968.

Mai 68

Plus de vingt ans après la fin de la seconde guerre mondiale, dans une jeunesse issue du baby-boom et des Trente Glorieuses, le temps est à la contestation. À l'heure de la pilule, la morale traditionnelle est de plus en plus attaquée. Le modèle capitaliste et la consommation de masse sont aussi au centre des critiques. Les beatniks fondent des communautés où l'argent n'a plus de valeur, tandis que l'extrême gauche française, des maoïstes aux situationnistes, fustige la société du profit et les médias de masse. Tout est là, mais personne ne voit rien venir. Il faut dire que la télévision attire l'attention de ceux qui la regardent vers des problèmes autrement plus préoccupants : l'état du compte en banque de Jean-Claude Killy, l'encombrement des autoroutes, le tiercé… Rien d'étonnant à ce qu'un des principaux slogans de mai 68 ait été : « Dormez citoyens, les médias veillent ! »
« La France s'ennuie », lit-on même dans les pages du Monde *du 15 mars 1968. Dans son article, Pierre Viansson-Ponté souligne que « les étudiants manifestent, bougent, se battent en Espagne, en Italie, en Belgique, en Algérie, au Japon, en Amérique, en Égypte, en Allemagne, en Pologne même. Ils ont l'impression qu'ils ont des conquêtes à entreprendre, une protestation à faire entendre, au moins un sentiment de l'absurde à opposer à l'absurdité ». En France, tout ce qui intéresse les étudiants est de pouvoir entrer dans le bâtiment des filles… Le journaliste aura sous-estimé la puissance de cette revendication, derrière laquelle se dessinent un désir d'émancipation, une soif de vivre, une révolte qui vise l'instauration de nouvelles valeurs. Quelques jours plus tard, le mouvement du 22-Mars éclate à Nanterre, qui revendique la libération d'étudiants arrêtés lors d'une manifestation contre la guerre du Vietnam. Les slogans défilent : « Soyez réaliste, demandez l'impossible », « Sous les pavés, la plage », « Jouissez sans entraves », « Ici, on spontane »…*
La révolte étudiante atteindra son point culminant dans la nuit du 10 au 11 mai 1968, lorsque plus de soixante barricades sont érigées dans le Quartier latin. De nombreux blessés, des centaines de voitures brûlées et des dizaines de magasins endommagés seront à déplorer. Grâce à des petits transistors, les étudiants continueront de se regrouper et de suivre l'actualité en direct. Le 14 mai, la France se retrouve en grève générale. Des dizaines d'usines sont occupées, des administrations désertées. Le 30 mai, de Gaulle annonce qu'il ne se retirera pas et dissout l'Assemblée. L'essence coule à nouveau, mais l'épopée gaulliste est consommée.

Le goût du bonheur

Peu à peu, partir en vacances devient normal, mais le choix reste réduit : la mer ou la montagne. À l'exception de quelques aventuriers, personne ne connaît encore la Grèce ni le Maroc.

Beaucoup embarquent dans la voiture familiale, une 204, une Simca 1 000, une R16... Même si les automobiles sont trois fois moins nombreuses qu'aujourd'hui, la circulation estivale est très difficile, et les bouchons, gigantesques. Aucune déviation ne permet d'éviter les grandes villes, et la France compte à peine plus de 100 kilomètres d'autoroute !

Presque partout, la vitesse est libre, et à l'arrivée les pères annoncent fièrement leur moyenne. Rouler vite est alors synonyme de progrès et de modernité. Mais c'est aussi une époque où il faut roder les voitures et faire des vidanges tous les 1 000 kilomètres. Il n'est pas rare de tomber en panne. Combien de moteurs explosés et de pneus éclatés le long des routes ! C'est le début d'une nouvelle aventure : trouver un garagiste pas trop loin, de ces petits garagistes qui ouvrent à six heures du matin et ferment bien après minuit, les jours de grands départs. Leur épouse s'occupe

Cinq ans avant le Circuit 24, le plus grandiose des circuits miniatures.

La route de Paris jusqu'à l'Espagne fut longue, très longue. Mais à cette époque, le voyage fait partie des vacances.

des pompes et de la comptabilité, tandis qu'eux-mêmes, les mains noires même après avoir été lavées, plongent dans le moteur sous nos yeux ébahis. Quand ce dernier se remet enfin à faire du bruit, nous repartons soulagés et confiants… jusqu'à la prochaine panne.

Arrive ensuite le moment bien mérité du pique-nique sur le bord de la route. Le repas est enveloppé dans un grand torchon noué et soigneusement rangé dans un panier en osier. On y trouve toujours les mêmes sandwiches jambon beurre (avec des tranches de jambon coupées fines à la machine), les portions de Vache qui rit et le paquet de petits-beurre. Le café est tenu au chaud dans un thermos, et l'eau du robinet conservée dans une gourde.

Sur la plage, nous participons aux concours de châteaux de sable organisés par *Le Figaro*, avec la possibilité de voir une photo de notre chef-d'œuvre publiée dans le journal local. On peut aussi s'inscrire à un Club Mickey, sponsorisé par le magazine du même nom depuis 1952.

Parfois, nos grands-parents nous accueillent durant les longues vacances d'été. Avec eux, on s'occupe du jardin, on cherche des girolles, on ramasse des tomates qui ont encore un vrai goût de tomates. On fait des barrages dans les ruisseaux et nos maillots de bain en coton mettent des heures à sécher.

Affiche du MLF datant de 1973.

La libération des femmes

Le 28 décembre 1967, au terme de débats houleux, l'Assemblée nationale adopte le projet de loi présenté par le député gaulliste Lucien Neuwirth sur la régulation des naissances. Ce texte abroge la loi du 31 juillet 1920, qui interdisait toute contraception. « Les temps sont venus de donner aux femmes le droit de maîtriser leur fécondité », plaide-t-il devant le chef de l'État. Le général de Gaulle, pourtant opposé à la réforme, lui répond : « C'est vrai, le respect de la vie, c'est important, il faut que ce soit un acte lucide. »
Pourtant, la contraception restera dans un premier temps réservée au traitement des règles douloureuses et aux femmes mariées. Il faudra attendre 1974 pour qu'elle soit remboursée par la Sécurité sociale.
Deux ans plus tôt, les femmes ont déjà remporté une victoire de taille. Le 13 juillet 1965, le gouvernement a promulgué une loi autorisant les femmes mariées à exercer une activité professionnelle sans le consentement de leur époux. Elles ont aussi désormais le droit d'ouvrir un compte en banque à leur nom, même contre l'avis de leur conjoint. Cette loi modifie également les régimes matrimoniaux, puisque les épouses peuvent disposer de leurs biens propres. La séparation des biens, avec la communauté réduite aux acquêts, devient le régime normal dans les unions sans contrat de mariage.
Les années soixante et soixante-dix auront ainsi été décisives pour les femmes, dont certaines aiment encore rappeler qu'« un homme sur deux est une femme... »

L'heure de la soupe.

« Mange ta soupe ! »

Ces années sont marquées par la découverte du monde glacé de l'hypermarché (et son rayon froid). Un monde bien étrange où les chariots ne servent pas seulement à s'amuser, et où l'on est enfin débarrassé des « Bonjour madame », « Oh ! Comme il est mignon », « Comme il a grandi » propres aux petits commerces. En repartant, on passe par le petit guichet de la consigne pour les bouteilles en verre. Mais, s'il n'y a pas d'hypermarché à côté de chez soi, le boucher, le boulanger, le poissonnier, passent encore souvent en camionnette.

Le vendredi, on achète des filets de merlan que nos mères passent dans la farine avant de les jeter dans la poêle. Et pas question de ne pas terminer son assiette. « Allez, mange tes légumes » est une ritournelle bien connue de tous, de même que son corollaire : « Les petits Chinois seraient bien contents d'en manger. »

Dans nos mémoires, les menus se suivent et se ressemblent : soupe de légumes, jambon et coquillettes, allumettes au fromage, purée et steak haché du boucher, puis une grosse barquette de Danette au chocolat quand on a été sage. Certains soirs, c'est la fête : nous dégustons nos premières fondues bourguignonnes avec des sauces faites maison.

On reçoit rarement des invités. Maman leur sert des avocats ou des pamplemousses aux crevettes sauce cocktail, suivis de paupiettes de veau ou d'un rôti jardinière, puis une omelette norvégienne. Grâce à son hachoir électrique Seb ou Calor, sa centrifugeuse, sa rôtissoire, sa yaourtière, son ouvre-boîte électrique et sa cocotte-minute, elle a tout le temps de se faire

Merveilles de l'électroménager.

belle. On aime la regarder se mettre du rouge à lèvres Bourgeois et sentir l'odeur de sa poudre Lancôme, dont le boîtier noir s'ouvre sur un joli miroir. Avec sa jupe courte, elle enfile un cardigan qui se ferme avec un seul bouton au niveau du col, et de nouveaux escarpins au talon droit et carré de chez Bally. Les jolis talons aiguille, si peu confortables, sont passés à la trappe...

« Moi aussi quand je serai grand... »

Les grandes personnes nous ont promis que nous allons vivre un grand moment, et nous ne demandons qu'à leur faire confiance. Depuis des semaines, tout le monde ne parle que de ça : l'homme va marcher sur la Lune ! Certains d'entre nous se méfient : cette histoire de père Noël, avec laquelle on nous bassine depuis tout petits, leur paraît déjà bien louche. Pourquoi croire à l'existence d'une fusée ?

Mais après ce qui nous semble des heures d'attente devant le poste de télévision, dont de nombreuses familles ont fait l'acquisition spécialement pour l'occasion, nous voyons enfin le véhicule des astronautes se poser sur la Lune.

À nouveau, le suspense est intenable : la porte reste fermée très longtemps. Couchés sur le tapis, les coudes repliés sous le menton, nous attendons et doutons encore un peu plus de la raison des adultes...

Notre scepticisme s'envole quand la porte s'ouvre et que Neil Armstrong apparaît. Il commence à parler depuis son énorme casque de scaphandrier, et sa voix, impressionnante, est entrecoupée comme si sa respiration était difficile. Son pied gauche botté de blanc se pose sur la Lune. Il est exactement 3 h 56 et quelques minutes plus tard, il prononcera la phrase devenue mythique et préparée de longue date par les ingénieurs de la Nasa : « C'est un petit pas pour l'homme, mais un bond de géant pour l'humanité. »

Plus tard, je serai motard.

Nous le voyons ramasser quelques échantillons de sol lunaire et apprendre à marcher comme un jeune enfant. On nous explique que sur la Lune, l'homme ne pèse plus qu'un sixième de son poids.

Les astronautes ont laissé là-haut un drapeau américain et une plaque d'acier inaltérable sur laquelle les futurs touristes lunaires pourront lire : « C'est ici que des êtres humains de la planète Terre posèrent pour la première fois le pied sur la Lune, en 1969 après J.-C. » Ce jour-là, une petite lumière s'est allumée dans nos têtes, la conviction de lendemains qui chantent, que grâce à la science et à un peu de bonne volonté, des choses qui nous semblaient inaccessibles ne le sont pas tout à fait.

1970-1974

À la découverte du monde

À cette époque, on savait prendre la pose.

Le début des soucis

En entrant à la grande école, nous voilà bien déçus : filles et garçons se perdent de vue. Un portail à barreaux, quand ce n'est pas un mur, divise nos cours respectives. Heureusement, il y a la récréation. On s'approche, on se regarde, on s'étudie. C'est tellement plus intéressant, ce qui se passe de l'autre côté !

Chronologie

2 janvier 1970
Le salaire minimum interprofessionnel de croissance (SMIC) remplace le SMIG.

9 juillet 1970
La durée du service militaire français est abaissée à un an.

8 octobre 1970
L'écrivain et ancien dissident soviétique Alexandre Soljenitsyne reçoit le prix Nobel de littérature, mais il ne pourra aller le chercher en Suède faute de visa.

17 novembre 1970
Le journal *Hara-Kiri*, qui s'est encore illustré en titrant « Bal tragique à Colombey : 1 mort », disparaît des kiosques.

5 octobre 1972
Onze athlètes israéliens sont abattus pendant les Jeux olympiques de Munich par un commando palestinien.

25 octobre 1972
Eddy Merckx bat le record de l'heure sur le vélodrome de Mexico.

31 décembre 1972
La troisième chaîne de télévision française est lancée.

8 avril 1973
Pablo Picasso meurt d'une embolie pulmonaire. Il sera enterré dans le parc du château de Vauvenargues, dans les Bouches-du-Rhône.

25 avril 1973
Le boulevard périphérique est inauguré par Pierre Messmer, dix-sept ans après le début des travaux.

5 mai 1974
Arlette Laguiller est la première femme à se présenter à l'élection présidentielle française.

19 mai 1974
Valéry Giscard d'Estaing est élu président de la République face au candidat socialiste, François Mitterrand.

5 juillet 1974
Une loi abaisse l'âge de la majorité de vingt-et-un à dix-huit ans.

8 août 1974
Richard Nixon démissionne à la suite du scandale du Watergate.

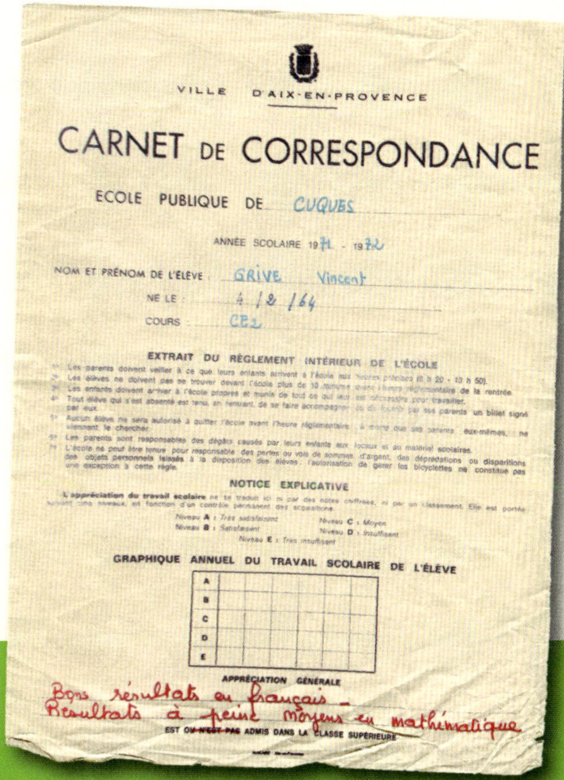
VILLE D'AIX-EN-PROVENCE

CARNET DE CORRESPONDANCE

ECOLE PUBLIQUE DE CUQUES

ANNÉE SCOLAIRE 1971 - 1972

NOM ET PRÉNOM DE L'ÉLÈVE : GRIVE Vincent

NÉ LE : 4 / 2 / 64

COURS : CE2

EXTRAIT DU RÈGLEMENT INTÉRIEUR DE L'ÉCOLE

1° Les parents doivent veiller à ce que leurs enfants arrivent à l'école aux heures précises (8 h 20 - 13 h 50).
2° Les élèves ne doivent pas se trouver devant l'école plus de 10 minutes avant l'heure réglementaire de la rentrée.
3° Les enfants doivent arriver à l'école propres et munis de tout ce qui leur est nécessaire pour travailler.
4° Tout élève qui s'est absenté est tenu, en rentrant, de se faire accompagner ou de fournir par ses parents un billet signé par eux.
5° Aucun élève ne sera autorisé à quitter l'école avant l'heure réglementaire, à moins que ses parents eux-mêmes, ne viennent le chercher.
6° Les parents sont responsables des dégâts causés par leurs enfants aux locaux et au matériel scolaires.
7° L'école ne peut être tenue pour responsable des pertes ou vols de sommes d'argent, des déprédations ou disparitions des objets personnels laissés à la disposition des élèves. L'autorisation de garer les bicyclettes ne constitue pas une exception à cette règle.

NOTICE EXPLICATIVE

L'appréciation du travail scolaire ne se traduit ici ni par des notes chiffrées, ni par un classement. Elle est portée suivant cinq niveaux, en fonction d'un contrôle permanent des acquisitions.

Niveau **A** : Très satisfaisant
Niveau **B** : Satisfaisant
Niveau **C** : Moyen
Niveau **D** : Insuffisant
Niveau **E** : Très insuffisant

GRAPHIQUE ANNUEL DU TRAVAIL SCOLAIRE DE L'ÉLÈVE

A						
B						
C						
D						
E						

APPRÉCIATION GÉNÉRALE

Bons résultats en français – Résultats à peine moyens en mathématique

EST ~~OU N'EST PAS~~ ADMIS DANS LA CLASSE SUPÉRIEURE

Les choses ne vont pas s'arranger...

De retour en classe, nous apprenons à lire avec les nouvelles méthodes dites « globales ». On nous entraîne à reconnaître et à mémoriser des mots uniquement à partir de leur silhouette, avant de travailler sur les lettres et la manière dont elles se combinent. Ces méthodes sont loin de faire l'unanimité, mais bon an mal an, nous parvenons à lire.

Et même à écrire ! Dans un petit cahier d'orthographe, nous recopions les mots difficiles avec notre porte-plume, bien vite remplacé par un stylo Bic (dont l'usage mettra du temps à

La sortie traditionnelle du dimanche.

se généraliser, surtout en province) et notre règle Mickey. Une faute à la dictée nous enlève alors deux points sur dix : avec cinq fautes, on atteint déjà l'infamie du zéro. À la différence d'aujourd'hui, les dictées ne sont presque pas préparées et les règles pas toujours expliquées : « Ça s'écrit comme ça, et puis voilà. »

Dans le cahier de grammaire, nous notons les règles difficiles. Les astuces mnémotechniques et les lignes à copier sont efficaces pour se souvenir que « toujours prend toujours un "s"». De même, « je m'aperçois qu'apercevoir ne prend qu'un "p" » et « "jamais" n'est jamais sans "s" ».

Heureusement pour nous, apprendre les dates et les chronologies par cœur est déjà passé de mode : la priorité va désormais aux recherches personnelles. Mais sur les murs de la salle de classe s'affichent toujours les grandes cartes de géographie Vidal-Lablache qu'ont connues nos aînés.

Les chouchous ont le droit d'effacer le tableau avec un chiffon dont la poussière produit de petits nuages délicieusement âcres. Il arrive, mais c'est rare, que des professeurs nous tapent sur la tête avec une baguette en bambou, plus rarement avec une règle.

B et A ? BA !

Cependant, Mai 68 est passé par là : les estrades ont disparu des écoles. Désormais, le professeur doit se mettre au niveau de ses élèves et se faire simple médiateur, « en recherche » avec sa classe sur des « projets pédagogiques » où chacun a son mot à dire.

À la cantine, les repas sont préparés sur place par des cuisiniers et s'avèrent plutôt bons. Œufs mimosa, macédoine de légumes, gratin de macaronis… Et dès la sortie de l'école, nous rentrons goûter de tartines beurrées saupoudrées de cacao, avec de la grenadine.

Allez savoir pourquoi, la visite médicale fait partie de nos souvenirs les plus marquants – dans les classes de garçons, on compare ainsi notamment la marque de son vaccin BCG. À certaines étapes du parcours, nous n'en menons pas large : c'est à celui qui se rhabillera le plus vite…

Vive la R16 !

Au début des années soixante-dix, le marché automobile est très segmenté. Si robustesse et fiabilité sont des qualités partagées par toutes, confort, élégance et performance sont l'apanage des gros modèles.
Telle la R16. Produite à plus d'1,8 million d'exemplaires dans l'usine de Sandouville ouverte en 1965, elle s'avère une voiture remarquable tant sur le plan technique que sur celui du design, qui lui confère un petit côté « voiture de course ». Philippe Charbonneaux, son designer, avait réussi à trouver un compromis entre une voiture familiale luxueuse et un véhicule aux proportions moyennes. La conception d'un véhicule quatre portes avec une cinquième porte en hayon constituait une première pour une voiture de cette gamme. Il en existait trois versions (TL, RS et S), qui proposaient des options tout à fait fascinantes comme le lève-vitres électrique à l'avant, la fermeture centralisée des portes, le changement de vitesse automatique, les vitres teintées, la climatisation, l'intérieur en cuir, le toit ouvrant, les jantes en aluminium, la peinture métallisée…

Un rêve partagé : posséder une voiture.

Dans la cour de l'école.

« À quoi on joue ? »

« À quoi on joue ? » semble être la question rituelle qui scande nos enfances.

Dans la cour ombragée par des marronniers, filles et garçons jouent chacun de leur côté à « Un, deux, trois, soleil », à la balle au prisonnier, aux osselets ou aux billes. Mini-bille, maxi-bille, agate, calot, boulard, mammouth, bison...

Nous les garçons, nous troquons nos images d'albums Panini. Un joueur de foot argentin contre un cycliste du Tour de France. Ou un volcan du Pacifique contre un ours du Canada. L'ultime récompense étant de lécher l'image pour la coller dans la bonne case. De l'autre côté du mur, les filles sautent à l'élastique ou jouent à la marelle.

Le jeudi ou après la classe, nous filons faire du vélo (de marque Peugeot ou Mercier) sur les chemins ou dans les rues calmes du quartier. Avec des épingles à linge, nous accrochons des cartes à jouer aux rayons des roues pour imiter le bruit des mobylettes. Nous faisons aussi du patin à quatre roulettes. Les roues de nos Speedy extensibles se grippent souvent et couronnent bien des genoux. Maman nous colle un pansement Urgo, que son inventeur a eu l'idée de percer de trous microscopiques pour laisser respirer la plaie, avec le slogan « Y'a de l'Urgo dans l'air... »

En famille, nous jouons à des jeux de société : le 1 000 Bornes, le Nain jaune, les dominos, les dadas, ou encore le Mastermind, un nouveau jeu de

Le kart, une grisante sensation de vitesse et de liberté.

réflexion et de déduction... Le Monopoly est réservé aux plus grands, et le Scrabble a l'air terriblement ennuyeux.

Personne pour jouer avec nous ? Pas de problème : nous sortons notre boîte de Spirographe. Cet instrument de dessin composé de différentes roues et d'anneaux dentés en plastique transparent, nous permet de tracer des figures géométriques à l'infini. Les jours de pluie, nous construisons des maquettes d'avions, de bateaux ou de chars militaires (Airfix, Heller, Matchbox).

On peut aussi se déguiser. Les panoplies de clowns et de Zorro sont celles qui ont le plus de succès. Les plus téméraires font des canulars téléphoniques. L'été, nous courons dans la campagne, construisons des cabanes et jouons aux cow-boys et aux Indiens.

La fin de Hara-Kiri

Hara-Kiri *est créé en 1960 à l'initiative de François Cavanna et Georges Bernier (le fameux professeur Choron). Ce journal satirique, parfois cynique et grivois, toujours « bête et méchant », s'avère tout à fait révolutionnaire pour l'époque. Entre les fausses publicités (pour le saucisson béni « pur Dieu ») et la vraie autopromotion qui n'était pas moins drôle (« Si vous ne pouvez pas l'acheter, volez-le »), de nombreuses BD à l'humour décapant. D'abord vendue par colportage, la publication sera distribuée en kiosques au bout de quelques mois. En novembre 1970,* Hara-Kiri *titre : « Bal tragique à Colombey : 1 mort ». Mêlant la mort du général de Gaulle à un fait divers survenu la même année, l'incendie d'un dancing en Isère où 146 personnes avaient trouvé la mort, le journal choque une fois de plus. Plusieurs fois interdit de publication, il paraîtra bon an mal an jusqu'en 1985, parallèlement à* Hara-Kiri Hebdo *(créé en 1969),* Charlie Mensuel *et* Charlie Hebdo.

Déjà Charles Aznavour aimait lire *Le Journal de Mickey*, ici au festival de Cannes dans les années soixante.

On ne rate pas un Okapi !

L'âge des héros… et des caries dentaires

Quand on ne joue pas, on lit. Après *Pomme d'Api* lancé en 1966, puis *Okapi* et les fameuses aventures de Grabote, nous voilà abonnés à *Fripounet*, d'autant plus si nous sommes louveteaux ou jeannettes. Ce magazine catholique prône les valeurs de camaraderie chères à ces associations. On y retrouve les bandes dessinées de l'ours Nestor et ses amis les Indiens. *Le Journal de Mickey* nous raconte quant à lui les mésaventures de Picsou, Tic et Tac, Géo Trouvetout et les Castors Juniors…

Avec *Michel ou Les Six compagnons*, nous rêvons de résoudre des énigmes policières. La série des *Aventures de Benett*, d'Anthony Buckeridge, ravit les plus grands. On y raconte les facéties de ce collégien anglais et de son ami Mortimer, à l'occasion de la construction d'une cabane, d'une partie de pêche aux têtards ou d'un voyage en train. Un de mes préférés, paru en 1973, s'appelait *Benett n'en rate pas une*. Ne me demandez pas pourquoi…

Premiers trésors.

Les filles lisent *Oui-Oui* (au pays des jouets, à la fête, et le chien qui saute…) dans la « Bibliothèque Rose ». Les aventures de Fantômette content les exploits de cette jeune Françoise, écolière studieuse dans la journée, justicière masquée le soir. Dans les albums illustrés, les collections des *Caroline* et des *Martine* présentent des petites filles sages et débrouillardes dont les aventures absorbent totalement nos sœurs, qui refusent de jouer avec nous.

Mais le grand bonheur reste *Pif Gadget*. Fondé en 1971 sous l'égide du parti communiste, ce bimensuel offre un gadget à chaque numéro, comme les Pifises, des petits crustacés préhistoriques, ou les Pifitos, des pois sauteurs venus du Mexique. Mais bien des mères redoutent que « ça nous rende bête », et nous l'interdisent.

Alors on se console en allant acheter des « bonbecs ». C'est un véritable rituel que de composer notre petit sachet blanc à la boulangerie. Pour un franc, nous sommes les rois du monde avec des roudoudous, des carambars que l'on suce pendant de longues minutes avant de pouvoir les mastiquer sans se casser les dents, des mistral gagnants, des coco boer, des œufs au plat, des colliers de bonbons et des hosties avec de la poudre acide à l'intérieur qui nous arrache les joues – mais c'est si bon. Le mieux, ce sont les malabars avec leurs deux boudins roses que l'on peut partager, accompagnés d'une décalcomanie tatouage. Leur odeur reste inoubliable, de même que nos concours de bulles. Qui battra mon record personnel de 54 centimètres ?

Le mouvement hippie a révolutionné la mode, la musique, l'art et notre regard sur le monde.

Le mouvement hippie

Le mouvement hippie, apparu dans les années soixante aux États-Unis, attire d'abord par son esprit de contestation, mais aussi par ses promesses merveilleuses de « Peace and Love » *et de* « Flower Power », *ainsi que l'air de béatitude qu'arborent nombre de ses représentants.*
En France, des groupes de méditation zen ou transcendantale éclosent. Les cours de yoga et la sophrologie ont désormais pignon sur rue. La vie associative se développe, et le phénomène des « bandes » est un prolongement du mode de vie en groupe prôné par le mouvement.
On assiste aussi à la création d'écoles parallèles, comme les écoles Montessori. Les expériences « d'art thérapie » essaiment.
Dans la rue, c'est une explosion de violet, de rose, d'orange, de jupons indiens, de vestes afghanes, de keffiehs palestiniens, de grands pulls de laine tricotés en grosses mailles irrégulières, d'écharpes interminables…
Après Woodstock en 1969, le Larzac devient un lieu de prédilection du mouvement en France. Il rassemble 60 000 personnes en août 1973, sous le mot d'ordre « Ouvriers et paysans, même combat ». Les hippies s'y mêlent aux antimilitaristes et aux maoïstes pour protester contre l'extension d'un camp militaire.
La génération hippie a révolutionné la musique, l'art et la mode, mais a aussi ouvert la voie à l'écologie, à une certaine forme de pacifisme ou encore à la libération sexuelle, qui sont autant de symboles d'une révolution de la culture et des mœurs, aujourd'hui intégrée à nos sociétés occidentales sans que celles-ci aient forcément conscience de leurs origines.

C'est vraiment trop inzuste !

La télévision a rapidement fait son entrée dans nos foyers. En 1970, 70 % des ménages sont équipés. Nous avons déjà deux chaînes, mais il faudra attendre encore un peu pour la télécommande – j'en ai heureusement inventé l'ancêtre, une tige de bois longue de deux mètres et parfaitement efficace. Deux chaînes, mais que de réglages ! Il n'est pas rare en effet que l'image se brouille – bien sûr, toujours au moment le plus palpitant –, nous obligeant à actionner les boutons dans tous les sens et à faire tourner la petite antenne intérieure.

Nos héros de « La Petite Maison dans la prairie ».

Ces années marquent le début des séries télé. Nos enfances sont nourries de Nounours, Kiri le clown, Pépin la bulle, les personnages du manège enchanté, Saturnin le canard, puis plus tard par les « Shadoks » ou « Téléchat ». *Zorro* était le maximum de la violence à laquelle le petit écran nous confrontait : un morceau de tissu déchiré à la pointe de l'épée, pas une goutte de sang, le méchant toujours sauvé par la doublure de son caleçon.

En 1974 est diffusé le premier épisode de la série « La Petite Maison dans la prairie ». « Daktari », « Flipper le dauphin » et Skippy le gentil kangourou nous donnent le goût de l'amitié. À partir de 1967, la série des « Chevaliers du ciel » met en scène les lieutenants Tanguy et Laverdure : le premier est un pilote émérite, soucieux des règlements, consciencieux et courageux, tandis que Laverdure est un dragueur éhonté, excentrique et gaffeur. « Les Mystères de l'Ouest » et « Les Brigades du tigre » font également le bonheur de nos jeudis après-midi.

Les histoires drôles de « Alors raconte », par François Biron et Georges Folgoas, diffusées tous les soirs sur la Une, nous font mourir de rire. De même que les facéties de « La Caméra invisible », animée par Jacques Rouland, qui filme à leur insu des inconnus mis face à une situation insolite. Le samedi soir, nous ne raterions pour rien au monde « La Piste aux étoiles » présentée par Roger Lanzac et « Au théâtre ce soir » de Pierre Sabbagh, avec les décors de Roger Harth et les costumes de Donald Cardwell.

L'émission « L'Île aux enfants » démarre le 16 septembre 1974, sur la Une. Casimir, ce monstre gentil, orange à pois jaunes et rouges, de la famille des Casimirus, entre dans nos vies. Désormais, au goûter, ce sera du gloubi-boulga ou rien ! Toutes les mères ne comprennent pas...

Et qui peut avoir oublié Calimero, la série d'origine italienne créée en 1963 ? Ce petit poussin noir malchanceux, portant sa coquille d'œuf à moitié brisée sur la tête, nous renvoie à nos démêlés de cours d'école. Décidément, la vie « c'est vraiment trop inzuste » !

Dis bonjour à la dame !

Jusque dans les années soixante, un enfant bien élevé est un enfant qui obéit à ses parents, et risque une punition s'il enfreint une règle. La socialisation se résume à l'apprentissage desdites règles : préceptes d'hygiène, manières à table, politesse... Dix ans plus tard, presque tout a changé. La « faute » à Mai 68, madame Dolto et sans doute un peu aussi Casimir.

Du haut des quatre ans que nous avions à l'époque, nous n'avons rien connu du bruit, de la fumée et de l'agitation de Mai 68. Sans les comprendre, nous avons entrevu quelques images à la télévision. Il nous reste forcément des traces du concert des voix de Daniel Cohn-Bendit et du général de Gaulle, des discussions fiévreuses de nos parents, de ces mystérieux slogans (« Ne vous emmerdez plus, emmerdez les autres ! »), des chansons d'Antoine refusant d'aller se faire couper les cheveux ou de Polnareff nous promettant à tous le paradis.

À l'adolescence, la mode des hippies sera rude pour le moral des mères.

Peu à peu, une fois le cataclysme passé et les leçons digérées, nos parents cherchent à valoriser chez nous de nouvelles qualités, comme l'autonomie et l'indépendance. Mais dans les faits, l'obéissance reste encore largement valorisée. Pas question d'allumer la télévision sans demander l'autorisation, de dire des gros mots, de ne pas finir son assiette ni de choisir soi-même ses vêtements – même quand un pull nous gratte !

Comme pour les plus grands, les années soixante-dix sont pour nous des années-charnières. Cela n'est pas seulement lié à l'époque, mais aussi à notre âge. En grandissant, nous prenons conscience du temps qui passe, du prix des choses, de la volonté de nos mères de conquérir leur liberté, du fait que les adultes n'ont pas toujours raison...

1975-1978

Entre rêve et réalité

Le monde grandit

De toutes nos rentrées scolaires, celle dont on se souvient généralement le mieux est notre entrée en sixième. Elle marque notre entrée dans la vraie vie et une sortie radicale de l'enfance.

Cet automne 1975 est donc celui des premières fois. La première fois que nous allons à l'école en vélo, un beau mini-vélo blanc ou rouge grâce auquel nous sommes enfin autonomes, ou que nous prenons seul le métro. La première fois aussi que nous fréquentons un établissement moderne : un collège flambant neuf, au nom d'Antoine Saint-Exupéry, André Malraux ou Françoise Dolto, constitué d'un rectangle de béton percé de fenêtres en aluminium. La première fois que nous n'avons plus une maîtresse, mais des professeurs – souvent jeunes et ouverts sur le monde, en ces années barbues. La

Chronologie

4 avril 1975
Bill Gates fonde la société Microsoft, qui annonce le début de l'ère des ordinateurs personnels.

13 avril 1975
La guerre civile éclate au Liban.

17 avril 1975
Les Khmers rouges s'emparent de Phnom Penh, la capitale du Cambodge. Leur chef, Pol Pot, impose un régime dictatorial.

14 juillet 1976
Albert Spaggiari réalise le « casse du siècle » à la Société générale de Nice.

1er août 1976
Nadia Comaneci triomphe aux Jeux olympiques de Montréal.

9 septembre 1976
Mao Zedong, le « Grand Timonier », s'éteint à l'âge de quatre-vingt-trois ans, laissant derrière lui un pays épuisé.

23 janvier 1977
Le baron Empain, P.D-G de Schneider, est enlevé à Paris.

31 janvier 1977
Le Centre national d'art et de culture Georges-Pompidou, dit Beaubourg, est ouvert au public. Il est l'œuvre des architectes Piano, Rogers et Franchini.

16 août 1977
Elvis Presley, dit le King, meurt à quarante-deux ans d'une crise cardiaque.

16 septembre 1977
Maria Callas, la grande cantatrice italienne d'origine grecque, meurt à l'âge de cinquante-quatre ans.

15 mars 1978
En URSS, le violoncelliste Mstislav Rostropovitch est déchu de la citoyenneté soviétique.

16 mars 1978
L'Amoco Cadiz, un supertanker américain affrété par Shell, contenant 230 000 tonnes de fuel brut, s'échoue sur les côtes du Finistère.

9 octobre 1978
Jacques Brel, qui s'est retiré depuis deux ans avec sa famille aux îles Marquises, s'éteint à l'âge de quarante-neuf ans, à l'hôpital de Bobigny.

Le nouveau Björn Borg.

première fois que filles et garçons, de nouveau réunis en classe, se regardent de si près. C'est étonnant comme soudain, aller à l'école devient intéressant...

Toutes ces nouveautés changent notre regard sur le monde qui nous entoure, et certains événements nous frappent plus qu'ils ne l'auraient fait avant. Le dernier condamné à mort, Hamida Djandoubi, est guillotiné à la prison des Baumettes de Marseille. Le 31 janvier 1977, le centre Georges-Pompidou est inauguré et soulève une intense polémique, même si ses architectes y voient « non pas un monument,

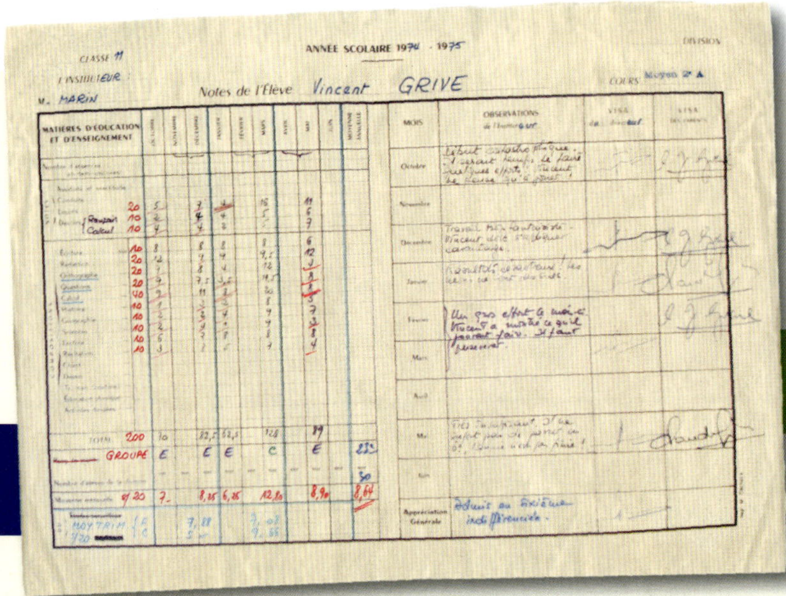

CLASSE 11 — ANNÉE SCOLAIRE 1974 - 1975 — DIVISION

INSTITUTEUR : M. MARIN

Notes de l'Élève Vincent GRIVE — COURS Moyen 2e A

MOIS	OBSERVATIONS de l'Instituteur	VISA du Directeur	VISA des parents
Octobre	[illegible]		
Novembre			
Décembre	[illegible]		
Janvier	[illegible]		
Février	Un gros effort ce mois-ci. Vincent a montré ce qu'il pouvait faire. Il faut persévérer.		
Mars			
Avril			
Mai	[illegible]		
Juin			
Appréciation Générale	Admis au sixième indifférencié.		

Allez ! Plus que sept ans d'études…

mais une fête, un grand jouet urbain ». Le 8 mai 1978, Jacques Mesrine s'évade de la prison de la Santé, et braque le casino de Deauville avec son compagnon de cavale.

La même année, Aldo Moro est assassiné par les Brigades rouges à Rome, Giscard invite les éboueurs à l'Élysée et la barre fatidique du million de chômeurs est atteinte. Mais globalement, sur la conscience sociale, culturelle ou politique, c'est plus généralement la légèreté et la bêtise de l'adolescence qui l'emportent…

Le dernier condamné à mort

À l'âge de trente-et-un ans, le 10 septembre 1977, Hamida Djandoubi est guillotiné à la prison des Baumettes de Marseille. Ce proxénète marseillais, condamné pour assassinat après tortures et barbarie, viol et violences avec préméditation sur une femme, est le dernier condamné à mort en France.

De fait, la France sera le dernier pays de la Communauté européenne à abolir la peine de mort. Pendant le mandat de Valéry Giscard d'Estaing, pourtant connu pour son aversion vis-à-vis de cette peine, vingt-et-une condamnations à mort ont été prononcées.

François Mitterrand, qui l'avait promis, abolira la peine de mort le 9 octobre 1981. Le discours prononcé alors par Robert Badinter a marqué les esprits : « La peine de mort est contraire à ce que l'homme a depuis 2 000 ans rêvé de plus noble, contraire à l'esprit du christianisme et de la révolution… »

Le 19 février 2007, Jacques Chirac fera inscrire dans la Constitution française que « nul ne peut être condamné à la peine de mort ».

Voici venue la mode des pattes d'eph'...

Vive la mixité !

Enfin, la liberté vestimentaire s'offre à nous ! À condition, bien sûr, de rester raisonnables. L'uniforme des garçons se constitue d'un sous-pull en nylon, d'un pull à grosses rayures et d'une veste à carreaux écossais achetés chez « Prisu » ; pour les filles, la nouveauté est le pantalon – les plus grandes portent des pattes d'eph', même si les parents ne sont pas toujours d'accord.

C'est le début de la mode unisexe, accentuée par l'arrivée du jean. Ses ventes augmenteront de 300 % de 1970 à 1976. Wrangler, Levi's, Far West ou Ucla ont leurs fidèles, mais quelle que soit la marque, nous l'arborons avec fierté. Nous l'accompagnons d'une paire de Kickers, de Clarks, ou mieux encore, de baskets Adidas. La marque New Man, dont nous adorons le logo qui peut se lire à l'endroit comme à l'envers, affiche un slogan auquel nous adhérons sans réserve : « La vie est trop courte pour s'habiller triste ! »

En guise de cartable, les plus âgés choisissent des besaces siglées « US » trouvées dans des surplus militaires, même si elles ne sont pas toujours très pratiques – il faut les vider entièrement pour retrouver son stylo...

Le Prisunic – près de 350 enseignes en 1970 – met le design à la portée de tous. Style, qualité et prix sont les valeurs fondamentales de la marque.

Notre chambre est rarement le petit domaine à soi dont nous rêvons : crise du logement oblige, il faut la partager avec nos frères et sœurs. Ceux qui peuvent investir un peu dans la décoration se rendent chez Habitat, Ikea à partir de 1981, ou Prisunic. Cette dernière enseigne s'est imposée dans notre vie quotidienne et cherche à « rendre le design accessible à tous » en utilisant de nouveaux matériaux comme la mousse. Les meubles créés à l'époque sont souvent combinables, empilables ou évolutifs – tables sur tréteaux, lampes boules, fauteuils poires remplis de billes de polystyrène...

Mais la vraie nouveauté est la couleur, et notamment l'orange du style Pop Art initié par Andy Warhol. Ce mouvement, qui veut mettre en exergue l'influence de la société de consommation sur notre comportement, se traduit par une multiplication des formes géométriques et des contrastes de couleurs.

Le classement X

De 1974 à 1985, Emmanuelle *tiendra l'affiche d'un cinéma des Champs-Élysées à Paris, et attirera près de 10 millions de spectateurs. Tiré du roman éponyme d'Emmanuelle Arsan et réalisé par Just Jaeckin, le film raconte la vie érotique d'une jeune femme aussi fraîche que désirable, partie rejoindre son mari diplomate à Bangkok.*

Le succès du film tient à son actrice principale, Sylvia Kristel, dont le charme et le corps parfait réjouiront des millions de fans dans Emmanuelle 2, Good-Bye Emmanuelle *et* Emmanuelle 4. *La belle Hollandaise deviendra une icône mondiale de l'érotisme...*

Mais il tient aussi au parfum de scandale qu'il dégage dans la France des années soixante-dix. Une France qui vient d'enterrer le président Pompidou le 2 avril 1974, et d'élire un mois plus tard le jeune Valéry Giscard d'Estaing (à qui l'on prêtera d'ailleurs une liaison avec Sylvia Kristel).

Ce changement de présidence n'a pas été sans incidence sur le film, qui devait être interdit par la commission de censure et n'est sorti en salles, avec quelques scènes coupées et une simple interdiction pour les mineurs, que grâce à l'équipe nouvellement arrivée au pouvoir (dont Jacques Chirac à Matignon et Michel Guy à la Culture).

Emmanuelle *a néanmoins suscité une telle polémique en France que l'année suivant sa sortie, le législateur a inventé le classement X et relégué les films dits « pornographiques » dans des salles spécialisées.*

La belle Emmanuelle est devenue, en un film, une icône mondiale de l'érotisme.

Les joies des bases de loisirs, à bord d'un 420.

La belle vie sans les parents

Rien de mieux que les amis pour profiter de cette enfance dont on sent déjà qu'elle s'éloigne. On s'invite les uns chez les autres, les garçons pour partager leurs images de clubs de foot et leurs blagues vaseuses, les filles, leurs inquiétudes face à ces intrus braillards que sont les garçons. Au moment du goûter, notre cœur balance entre un BN au chocolat et un Figolu, un verre d'Orangina et de Banga.

Durant les week-ends et les vacances, nous sommes nombreux à faire partie d'une organisation de jeunesse – Scouts ou Guides de France, Éclaireurs ou Éclaireuses. L'été, nous partons en camp sous l'égide d'un chef ou d'une cheftaine et nous apprenons à nous « débrouiller ». Se débrouiller, c'est monter une tente sous la pluie ou par grand vent, manger des pommes de terre – pas assez – cuites à la braise, tenter d'allumer un feu avec deux silex sans jamais y parvenir,

Tous champions de trottinette.

... est devenu : « Article 22. Chacun se démerde comme il peut. »

découvrir de nouveaux goûts (ah, la sublime Antésite !), se perdre dans la forêt pour apprendre à s'orienter et vivre avec dans les odeurs de chaussettes. Mais aussi organiser une veillée autour d'un feu de camp, faire des sketches et des jeux de piste, descendre une rivière sur un radeau construit avec des bidons...

Ces années-là, les colonies connaissent un véritable essor. Nos mères sont priées de veiller de près au trousseau – peigne en plastoc, crème Nivea, dentifrice Signal, K-Way, vêtements avec étiquette cousue et enveloppes timbrées. Des mini jeux olympiques sont organisés, avec épreuves de course, saut, natation et football. La chanson de Pierre Perret est déjà un classique : « Les jolies colonies de vacances / Merci maman, merci papa / Tous les ans, je voudrais que ça r'commence... »

Quant aux classes de neige, elles sont encore rares et pas toujours très appréciées. On y meurt de froid dans nos fuseaux Fusalp et nos sous-gants de soie, les pieds mouillés malgré nos trois paires de chaussettes.

Scout toujours !

Princesse Maman dans sa DS.

La dernière DS

C'est l'une des plus belles réalisations technologiques françaises. Son museau effilé porte une fine calandre chromée, les clignotants arrière se donnent des airs de réacteur, l'échappement est en queue de carpe, le volant est à une seule branche, le tableau de bord d'allure futuriste… Même les détails secondaires sont étonnants : fixation de roue par un simple écrou central (jusqu'en 1966), roue de secours placée à l'extrême avant de la voiture, pneus de dimensions différentes à l'avant et à l'arrière, levier de vitesses servant de démarreur… Avec sa ligne révolutionnaire et aérodynamique, la « déesse » semble descendue d'un autre univers.

Longtemps symbole de la France des années soixante et soixante-dix, elle est d'autant plus mythique (Roland Barthes lui a consacré un article dans ses Mythologies*) que ses nombreuses qualités lui ont, paraît-il, permis de sauver la vie du général de Gaulle lors de l'attentat du Petit-Clamart !*

Le 24 avril 1975, le dernier exemplaire sort des chaînes de fabrication de Citroën : une page de l'histoire de l'automobile est définitivement tournée.

Un monde de héros et de slogans

Nous dévorons les aventures du *Clan des sept* et du *Club des cinq*, mais aussi des auteurs classiques comme Alexandre Dumas et Jules Verne, publiés par l'Idéal-bibliothèque. La collection « Signe de piste », consacrée à l'origine au scoutisme, s'ouvre à des problèmes sociaux plus actuels tout en continuant de prôner des valeurs de camaraderie et d'héroïsme : *Les Forts et les Purs*, *Xavier la dérive*, *La Marche des vivants*...

La BD nous attire de plus en plus, et nous apprécions les séries diffusées dans nos magazines pour la jeunesse
– les albums sont encore chers et souvent considérés comme réservés aux enfants ou aux adultes attardés. Ainsi des *Tuniques bleues* de Salverius et Cauvin ou de la *Mélusine* de Clarke dans *Le Journal de Spirou*. *Gaston Lagaffe* de Franquin, *Achille Talon* de Greg, *Boule et Bill* de Roba, *Tintin* dont Hergé nous livre la dernière histoire *(Tintin et les Picaros)* en 1976, font aussi partie de nos préférés.

Les grinçants *Fluide glacial*, *Pilote*, *Charlie Hebdo*, *L'Écho des savanes* et *Hara-Kiri* nous font de l'œil, rangés tout en haut chez le kiosque à journaux, à côté des magazines porno, mais il faudra attendre encore un peu.

Le cinéma reste une activité exceptionnelle, et à cet âge, principalement familiale. En 1977, *Les Aventures de Bernard et Bianca* remportent un vif succès, de même que *Peter et Elliot le dragon* l'année suivante. *Astérix et Cléopâtre* et *Les Douze Travaux d'Astérix* nous permettent de retrouver notre Gaulois favori, et nous rions aux aventures de Choupette, l'adorable Volkswagen, dans *La Coccinelle à Monte-Carlo* (1978), suite d'*Un Amour de coccinelle*.

En remportant les Jeux olympiques de Montréal à quatorze ans, Nadia Comaneci est devenue à nos yeux une star et un modèle de courage.

On rêve « Dans les rues de San Francisco ».

À la télévision, le choix des programmes s'est élargi avec l'arrivée d'une troisième chaîne en 1972. « Les Chevaliers du ciel » sont remplacés par des séries américaines : « Dans les rues de San Francisco », « Mannix », « Amicalement vôtre », « Drôles de dames »... Notre principale source de références collectives de l'époque est peut-être la publicité. Certains slogans, apparus en 1968, nous ravissent : « Dans Banga, il y a des fruits... » ; « Picorette, des petits grains de folie enrobés de chocolat » ; « Urgo, un pansement qui suit le mouvement » ; « Quand je fais de la purée Mousline, je suis sûre que tout le monde en reprend »... Nous souhaitions ardemment que la rue Gama existe vraiment, pour y croiser la Belle des champs ou une frite Végétaline – qui si elle était une frite, n'en restait pas moins nue... Enfin, le générique de *Folon* signalait la fin des programmes aux enfants oubliés devant le poste.

De la difficulté de grandir

Voilà que notre corps change et nous devient étranger. Les filles ont leurs premières règles – la classe se divise entre celles qui les ont et celles qui les attendent – et sont peu à peu « formées », selon les circonvolutions

Se pourrait-il qu'il y ait des différences entre nous ?

langagières de l'époque. Malgré Mai 68, notre éducation sexuelle reste sommaire. Les pères esquivent ces questions d'un « humm » qui dépasse à peine leur barbe, et les mères s'y collent avec plus ou moins de talent. On nous met parfois dans les mains un manuel d'éducation sexuelle, comme celui du docteur André Berge qui fait autorité. Mais leurs schémas nous laissent vaguement perplexes et c'est chez les copains, en colonie ou simplement dans la cour de l'école que nous en apprenons le plus.

La télévision dispense elle aussi un enseignement important. On y voit des femmes revendiquer et rechercher l'orgasme (ciel, qu'est-ce c'est que ça *encore* ?), on y entend parler d'une certaine madame Claude et de discours d'émancipation auxquels nous ne comprenons pas grand-chose. Dans la rue, des affiches (*Emmanuelle* de Just Jaekin, *L'Empire des sens* d'Oshima, *Cet obscur objet du désir* de Buñuel) nous font rougir ou rigoler bêtement.

En 1976 sort *À nous les petites Anglaises* de Michel Lang. Ce film sera pour beaucoup le premier à aborder concrètement des questions comme les filles, les garçons, comment les embrasser… et le reste. On y voit aussi, fait rarissime, une paire de seins, ceux de Sophie Barjac.

Enfin, même dans ce monde instable, demeurent des valeurs sûres sur lesquelles on peut toujours compter, comme les Treets (ex M&M's), les Raider et le fameux « Ma parole, il a mangé du Topset ! »

1979-1982

Qui suis-je? Où vais-je?

Inquiétude face à l'avenir. Faut-il vraiment devenir adulte ?

L'âge des possibles

Quinze ans : ça bouillonne à l'intérieur, l'horizon s'éclaire et s'assombrit à la fois, et les questions fusent : « Qui suis-je, où vais-je, dans quel étagère ? » Si nous comprenons mieux le monde qui nous entoure, nos découvertes sont loin d'être réjouissantes. La période du plein-emploi et de l'avenir radieux a bel et bien pris fin.

Giscard, au pouvoir depuis 1974, veut rajeunir la République et moderniser la

Chronologie

1 avril 1979
Sortie de *Le Gai pied*, le premier magazine homosexuel.

19 août 1979
L'ancien Premier ministre Pol Pot est accusé de génocide et condamné à mort par contumace.

27 août 1979
Lord Mountbatten, dernier vice-roi de l'Inde britannique, est assassiné par l'IRA.

22 novembre 1979
L'ensemble du réseau téléphonique est automatisé. C'est la fin du « 22 à Asnières ».

6 mars 1980
Marguerite Yourcenar est la première femme élue à l'Académie française.

19 avril 1980
Jean-Paul Sartre est enterré au cimetière du Montparnasse en présence de 20 000 personnes, parmi lesquelles des militants ouvriers, des intellectuels, des étudiants et sa compagne, Simone de Beauvoir.

21 septembre 1980
Premier à avoir traversé l'Atlantique à la rame, Gérard d'Aboville amarre son petit *Capitaine Cook* de moins de six mètres à Brest, après avoir parcouru plus de 5 200 kilomètres en 71 jours et 23 heures.

22 janvier 1981
La série « Dallas » arrive sur TF1. Les péripéties de cette famille texane, milliardaire grâce au pétrole, s'étaleront sur 356 épisodes.

23 septembre 1981
Le TGV est inauguré par François Mitterrand. Lyon n'est plus qu'à 2 h 40 de la capitale.

29 octobre 1981
Georges Brassens quitte ses copains.

2 avril 1982
La guerre des Malouines éclate entre le Royaume-Uni et l'Argentine. Celle-ci capitulera le 14 juin.

4 juin 1982
Après avoir été testé dans les Yvelines et en Ille-et-Vilaine, le Minitel, chargé de remplacer les annuaires papier, est présenté à la presse. En 2000, 25 millions d'utilisateurs lui sont toujours fidèles.

Le Minitel entre dans les foyers. C'est le début des années prolifiques du Minitel rose.

société. Il a abaissé l'âge de la majorité à dix-huit ans, permis le divorce par consentement mutuel, réformé l'audiovisuel et instauré le collège unique. Des réformes fondamentales, qui n'empêcheront pas le véritable cataclysme du 10 mai 1981.

Qui ne se souvient pas de ce fameux 20 heures ? Grâce à des lignes horizontales se dessinant progressivement, le journal d'Antenne 2 affiche, comme le ferait un Minitel, l'image du nouvel élu. Arrivés à un cinquième de l'écran, nous poussons un cri de dépit qui se transforme en cri de joie quelques centimètres plus bas : personne n'avait remarqué que V.G.E. et Mitterrand avaient la même calvitie.

Depuis notre naissance, nous n'avons connu que la droite au pouvoir. Ce soir-là, on ouvre le champagne et se retrouve avec tant d'autres sur le chemin de la Bastoche, point de ralliement

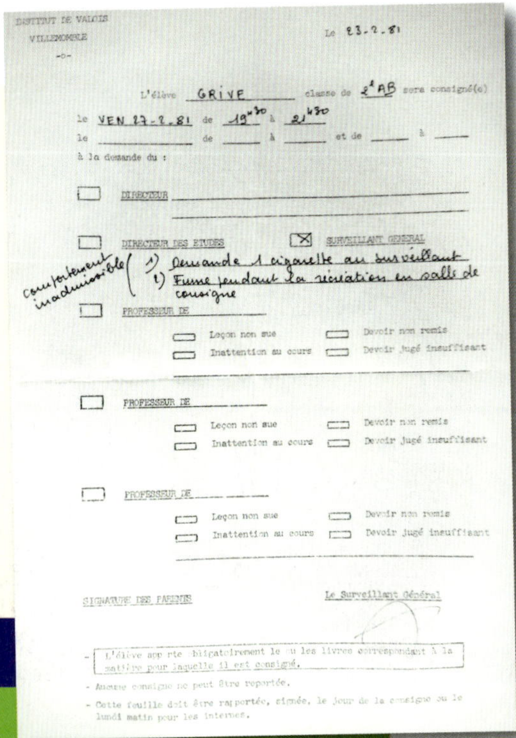

INSTITUT DE VALOIS
VILLEMOMBLE
-o-

Le 23-2-81

L'élève GRIVE classe de 2e AB sera consigné(e)

le VEN 27-2-81 de 19h30 à 21h30

le ______ de ______ à ______ et de ______ à ______

à la demande du :

☐ DIRECTEUR

☐ DIRECTEUR DES ETUDES ☒ SURVEILLANT GENERAL

comportement inadmissible (1) Demande 1 cigarette au surveillant
2) Fume pendant la récréation en salle de consigne

☐ PROFESSEUR DE

☐ Leçon non sue ☐ Devoir non remis
☐ Inattention au cours ☐ Devoir jugé insuffisant

☐ PROFESSEUR DE

☐ Leçon non sue ☐ Devoir non remis
☐ Inattention au cours ☐ Devoir jugé insuffisant

☐ PROFESSEUR DE

☐ Leçon non sue ☐ Devoir non remis
☐ Inattention au cours ☐ Devoir jugé insuffisant

SIGNATURE DES PARENTS

Le Surveillant Général

- L'élève apporte obligatoirement le ou les livres correspondant à la matière pour laquelle il est consigné.
- Aucune consigne ne peut être reportée.
- Cette feuille doit être rapportée, signée, le jour de la consigne ou le lundi matin pour les internes.

Petite provocation face à l'autorité en place.

symbolique de la contestation parisienne. Aux fenêtres des gens hurlent de joie, tandis que d'autres bricolent rapidement une banderole et l'accrochent à leur balcon. Sur les trottoirs, des anciens murmurent : « Ça fait vingt-trois ans que j'attends ça, vingt-trois ans… »

Quant à ma sœur aînée, elle m'annonce qu'elle va mettre un terme à ses études en publicité, qui sont devenues inutiles « maintenant que nous sommes passés sous le même régime que celui de l'URSS ! »

« Regarde, quelque chose a changé / L'air semble plus léger / C'est indéfinissable…», chantera Barbara quelques mois plus tard à Pantin. C'est exactement ce qu'on ressent ce soir-là, même si un fond de cynisme – ou de réalisme – nous dit que la continuité l'emportera peut-être au détriment du changement...

Si aujourd'hui le recul nous fait relativiser notre enthousiasme, nous avons alors vécu un réel état de grâce et un espoir immense. Et puis, il y a eu l'abolition de la peine de mort, la cinquième semaine de congés payés, la retraite à soixante ans, le prix unique du livre, les radios libres...

Liberté (radiophonique) chérie

Grâce aux petits transistors dont nous disposons désormais et qui vont devenir les complices de notre puberté, puis avec nos walkmans mis sur le marché en 1982, nous grandissons, aimons et pleurons en musique. Nous écoutons « Manureva » d'Alain Chamfort, « Confidence pour confidence » de Jean-Jacques Schultheis, « Vacances j'oublie tout » d'Élégance, « Vivre ou survivre » de Daniel Balavoine, « Marche à l'ombre » de Renaud, « Dure limite » de Téléphone ou encore « Femmes je vous aime » de Julien Clerc.

Chez les Anglo-saxons, Genesis nous offre des solos de virtuose tandis que Deep Purple pose les bases du hard rock. Avec leur album studio *The Dark Side of the Moon*, qui ne sortira des meilleures ventes qu'après quatre-cent-deux semaines de présence, les Pink Floyd sont les véritables stars de la scène pop. David Bowie crée des mélanges nouveaux entre glam rock et musique soul (*Ashes To Ashes*, 1980), tandis que ses maquillages et ses tenues de scène font sensation. Les Rolling Stones, déjà connus dans le monde entier avec « Satisfaction », enchaînent les tubes.

Depuis notre naissance, seule la droite a été au pouvoir : pas d'alternance, pas de cohabitation, rien que du bleu.

Sans oublier Steevie Wonder, Diana Ross, Donna Summer, les Village People, Boy George, Duran Duran, Depeche Mode, AC / DC... Ni Michael Jackson, qui avec l'album *Off the wall* (1979) et ses deux hits « Dont Stop 'til You Get Enough » et « Rock With You », acquiert une célébrité internationale. Madonna, « *the queen of the pop* », qui oppose son sens inné de la transgression à l'apparence asexuée de Michael Jackson, devient un symbole des *eighties*.

Tous ces titres, nous les découvrons sur les radios libres, anciennes radios « pirates » que François Mitterrand a légalisées en 1981. On écoute ainsi Radio 7 ou Carbone 14, qui se révélera trop libre et sera démantelée au bout de deux ans.

Antoine de Caunes, avec « Chorus » puis « Les Enfants du rock » sur

Travailler dans la pub, le rêve d'une génération.

À la maison, les discussions politiques ne sont pas de mise…

Antenne 2 en 1982, est un des rares à défendre le rock à la télévision. Il organise et retransmet des concerts filmés au théâtre de l'Empire. Sur la même chaîne, Jacky propose des clips dans « Platine 45 », dont le générique, une sorte de roulette russe sur une musique composée et jouée par Jacno, nous saisissait. Quand on le revoit maintenant, il paraît filmé au ralenti…

Le magazine *Actuel*, dirigé par Jean-François Bizot, nous sert aussi de référence. Engagé à gauche, il se penche sur toutes les contre-cultures et des sujets comme la drogue, le féminisme, le rock ou l'écologie. La première formule cesse en 1975 d'une façon aussi inattendue que flamboyante : le journal, estimant qu'il ne se renouvelle pas et n'a plus rien à dire, se saborde. Il reviendra à l'automne 1979 avec le noyau dur de l'équipe : Yves Simon, Patrick Rambaud et Noël Godin...

Quant à eux, *Rock and Folk* et *Best* se partagent le créneau de l'actualité des pop stars avec *Salut les copains* et *Podium*, dont les posters décorent nos chambres. La mienne était ornée d'une photo de Freddy Mercury, le chanteur de Queen, lors de son concert au Morumbi Stadium de São Paulo devant plus de 130 000 personnes…

Salut les copains, notre bible à nous.

Les premiers McDo

En 1937, Richard et Maurice McDonald ouvrent un stand de hot-dogs, « Airdome », à Arcadia en Californie. Ils y proposent des plats standardisés qu'on peut manger avec les doigts. Le succès est immédiat. Trois ans plus tard, les deux frères déménagent leur Airdome à San Bernardino, en Californie, et le renomment « restaurant McDonald's ». Le menu y comporte vingt-cinq plats, principalement cuisinés au grill, et les jeunes s'y retrouvent.
Ayant remarqué que les hamburgers constituent une grande partie de leurs bénéfices, les frères développent un système de service rapide (Speedee Service System), *une ligne de préparation « aérodynamique » pour hamburgers. La carte est réduite ce que 80 % des consommateurs ont l'habitude de commander (hamburgers, soda, lait, café, frites et gâteaux), et la vaisselle laisse place à des assiettes et des gobelets en carton. Le service n'est plus assuré au volant, mais en salle. En 1959, la chaîne compte déjà 100 restaurants. En 1965, elle entre en bourse.*
Dans les années soixante-dix, le concept s'internationalise. Sous le regard curieux des Alsaciens, le premier McDo de France ouvre ses portes à Strasbourg le 17 septembre 1979. Une plaque est là pour en témoigner, qui semble symboliser toute la puissance de l' « american way of life » *et l'aspiration à l'*« american dream » *de l'époque.*
Au pays du jambon-beurre, le succès du fast-food ne s'est pas démenti depuis : il existe aujourd'hui plus de 1 000 McDo en France.

Premières cui-cuites au Colibri.

L'habit fait le moine

Dans cette nouvelle société de consommation éclot l'empire souverain de l'apparence. La mode envahit tous les domaines – aussi bien l'habillement que la décoration et les fournitures scolaires – et atteint toutes les couches de la population. Le supermarché devient un lieu de promenade, et nous allons en famille faire les courses à Mammouth, ou entre amis faire du lèche-vitrines dans un centre commercial.

Plus que jamais, la mode sert à être regardé, mais aussi à montrer son appartenance à un groupe. Entre-temps la mode hippie s'est essoufflée, de même que le mouvement punk (couleur noire, tartan, jean troué sous un kilt, épingles à nourrice, bracelet à clous et Dr. Martens). Notre look consiste désormais en un cocktail de couleurs

vitaminées, de motifs et de détails : fluo, rayures, pois, strass et paillettes. Les boutiques Fiorucci sont notre temple. Les boucles d'oreilles et les bracelets en plastique se multiplient et se portent de préférence *oversize* et colorés. Le caleçon moulant se porte avec un sweat-shirt ample ou une robe pull et des bottines, tandis que le pantalon à pinces taille haute légèrement bouffant et la jupe boule s'accordent avec un body décolleté. Pour faire comme Cyndi Lauper et Madonna, les filles commenceront à porter la croix catholique en signe de provocation.

Pour résumer, nous sommes attirés par toutes les coiffures et tenues tape-à-l'œil, à condition qu'on les voie dans le clip vidéo qui vient de sortir. Un peu plus tard, l'explosion de la *New Wave* inspirera une tendance chic et sexy, avec des jeans portés déchirés ou frangés sur des bustiers ou des bodys. La tendance sportswear importée des États-Unis déferlera sur la France avec ses joggings colorés et ses baskets, et les Creeks inspirés de motifs hawaïens nous ruineront.

Le culte des marques bat alors son plein : ce qui compte, c'est le logo, la griffe – Guess, Benetton, Fruit of the Loom... Pour nos mères, la décennie est marquée par le mythe de l'*executive woman* en tailleur, aux épaules accentuées par des paddings proéminents (Thierry Mugler, Claude Montana).

Le nouvel art du graffiti

Au début des années soixante-dix, le mouvement des graffitis émerge de façon spectaculaire à New York, en particulier dans son métro. En quelques années, ces « tags », qui reprennent le plus souvent le nom de leurs auteurs, sont devenus de plus en plus sophistiqués.
À Paris, ils commencent à se diffuser à la fin des années soixante-dix. Les grapheurs se regroupent pour exécuter des actions spectaculaires, comme peindre plusieurs rames d'un train. Dans la lignée de Mai 68, les messages politiques de la rue gagnent en poésie et en qualité graphique, et font souvent preuve d'un humour absurde et d'un sens de la formule assez étudié : « Cache-toi, objet ! » ; « Le bonheur est une idée neuve » ; « La poésie est dans la rue » ; « La vie est ailleurs » ; « Désobéir d'abord : alors écris sur les murs – loi du 10 mai 1968 »...
Quant à l'artiste Ernest Pignon-Ernest, il produira des sérigraphies sans slogan qu'il exposera dans plusieurs grandes villes : Les expulsés *sont collés sur les murs de maisons en démolition et représentent à taille réelle des personnes tenant des valises ou un matelas ;* Rimbaud *représente le poète, jeune et toujours à taille réelle. Ces images urbaines visent à interpeller le passant et à l'interroger sur la place de l'homme et de la poésie dans la cité moderne. Vaste question à laquelle l'époque peinera à répondre...*

L'heure de l'indépendance a sonné !

« Dreams are my reality »

Nos frères et sœurs aînés ont connu les idoles (Mike Brant, Cloclo, Johnny Hallyday, Sylvie Vartan, Françoise Hardy, Joe Dassin) ; nous connaissons les héros. La nuance est subtile mais bien réelle. Nous ne sommes plus dans le culte passif d'un chanteur : nous avons besoin de nous identifier à des personnalités aux super pouvoirs.

Le cinéma en fournit pléthore. En France, cette industrie se porte magnifiquement bien grâce à une importante production de séries B, parfois délicieusement kitsch, comme *L'Incroyable Hulk* (1979) et *Hulk revient* (1980), les *Superman* ou *Flash Gordon*. L'univers de la BD fournit aux producteurs une manne de héros inépuisable : *Tarzan l'homme singe* (1981), *Le Choc des titans* (1981), *Conan le barbare* (1982)... *Les Aventuriers de l'arche perdue* de Steven Spielberg (1981) engendreront 390 millions de dollars de recettes dans le monde entier.

À peine remis de ce succès, le réalisateur racontera l'année suivante l'histoire d'un drôle de personnage tentant désespérément d'appeler chez lui, *E.T. l'extraterrestre*. La même année sortira *La Guerre du feu* de Jean-Jacques Annaud. Ce qui n'empêche pas la Nouvelle Vague de continuer à faire des émules : *Sauve qui peut (la vie)* de Jean-Luc Godard, *Pauline à la plage* d'Éric Rohmer, *Sans toit ni loi* d'Agnès Varda...

Avec *La Boum*, Sophie Marceau devient notre compagne dans les premiers coups durs de la vie.

La Boum de Claude Pinoteau (1980), qui lancera la carrière de Sophie Marceau dans le rôle de Vic, atteint rapidement le statut de film culte. Rares sont les films qui abordent l'adolescence avec autant de justesse, et le slow final sur « Dreams are my reality » restera dans les annales du cinéma.

Au cinéma, on pleure, mais on rit aussi. *L'Avare* (1980) avec Louis de Funès, *Viens chez moi, j'habite chez une copine* de Patrice Leconte (1981), *Le Père Noël est une ordure* de Jean-Marie Poiré (1982) sont particulièrement mémorables. Les répliques de Gérard Jugnot, Christian Clavier, Thierry Lhermitte, Marie-Anne Chazel ou Josiane Balasko nous font encore sourire quelque trente ans plus tard.

Dans les années suivantes, nous pleurerons devant *37°2 le matin* de Jean-Jacques Beineix (1986) et *Le Grand Bleu* de Luc Besson (1989), et rirons des Guignols et des Nuls sur Canal+. Nombre de grands événements sportifs nous fourniront des héros supplémentaires auxquels s'identifier. L'un d'eux se démarque peut-être : Björn Borg, dont la rencontre avec John McEnroe à Wimbledon en 1980 donnera lieu à un face-à-face d'anthologie entre les deux meilleurs joueurs du monde. Borg est alors un demi-dieu indestructible que même les filles traquent comme une rock star...

« Coluche président ! »

« J'appelle les fainéants, les crasseux, les drogués, les alcooliques, les pédés, les femmes, les parasites, les jeunes, les vieux, les artistes, les taulards, les gouines, les apprentis, les noirs, les piétons, les Arabes, les Français, les chevelus, les fous, les travestis, les anciens communistes, les abstentionnistes convaincus, tous ceux qui ne comptent pas pour les hommes politiques à voter pour moi, à s'inscrire dans leurs mairies et à colporter la nouvelle. Tous ensemble pour leur foutre au cul avec Coluche. »
C'est en ces termes que le « candidat nul », comme il se décrit lui-même, annonce le 30 octobre 1980 qu'il se présente aux prochaines élections présidentielles. Ce qui n'était d'abord qu'une simple plaisanterie se teinte de sérieux lorsque des sondages créditent le candidat de plus de 16 % des intentions de vote. La panique gagne les autres candidats.
*Pendant plusieurs mois, avec le soutien de Romain Goupil et de l'équipe d'*Hara-Kiri*, Coluche mènera campagne grâce au slogan : « Jusqu'à présent la France est coupée en deux, avec moi elle sera pliée en quatre ! »*
Des pressions allant jusqu'à la menace de mort sont alors exercées sur l'humoriste, pour qu'il renonce à se présenter. Tandis qu'au Gymnase, le public le rappelle en criant « Coluche président », le boycott des médias s'organise. Les trois chaînes de télévision, dont les directeurs sont nommés par l'exécutif, ont reçu des consignes : Coluche n'a plus droit de cité.
Le 16 avril 1981, l'humoriste annonce finalement qu'il se retire. Il se contentera de déclarer « Je préfère que ma candidature s'arrête parce qu'elle commence à me gonfler », et appellera à voter pour François Mitterrand.

Provocateur et agitateur, Coluche se présente vêtu de sa célèbre salopette à l'élection présidentielle de 1981.

Gainsbourg / Birkin, couple culte et sulfureux. À elle la frange et les cheveux longs, à lui la barbe de trois jours poivre et sel. Un style qui restera une signature.

En avant doutes !

C'est l'heure du bac : bientôt le monde nous appartiendra. Finies la peur au ventre pour les leçons non apprises, la somnolence des débuts d'après-midi, les gommes perdues et les récréations moroses...

En attendant, l'amour est dans nos esprits : après les cours, nous nous retrouvons au café pour jouer au flipper, refaire le monde et séduire. Les rapports entre garçons et filles ont considérablement changé ces dernières années, et les aspirations scolaires de ces dernières dépassent les nôtres. Les divorces par consentement mutuel et pour rupture de la vie commune sont désormais légaux, de même que l'avortement et la pilule. Les salaires mis à part, l'égalité des sexes devient peu à peu une réalité.

L'âge de la première expérience sexuelle s'élève à un peu moins de dix-huit ans pour les garçons, un peu plus pour les filles. Les émissions de Ménie Grégoire, à qui des auditeurs téléphonent pour obtenir des réponses à leurs questions, diffusées très tard le soir, nous ont souvent été d'un grand secours.

La libération sexuelle se fait aussi en chanson. Menés par le couple sulfureux Gainsbourg-Birkin, les artistes français se décomplexent. Pierre Perret désacralise l'éducation sexuelle avec « Le Zizi », Michel Sardou chante « Mourir de plaisir » et Michel Polnareff « L'Amour avec toi ».

Premier scooter. On en a fait du chemin...

Les couples se font et se défont... On a la vie devant nous !

Nous ne connaissons que très vaguement l'existence du sida, que des médecins américains ont isolé en 1980 chez de jeunes patients homosexuels. Les médias l'appellent encore « le cancer homo »...

Autour de nous, les sirènes idéologiques des aînés se sont tues. La société de consommation nous tend les bras : des rayons dans les magasins et des pages de catalogues de vente par correspondance nous sont entièrement consacrés. On ne veut plus changer le monde, mais PRO-FI-TER. Consommer ses produits, bénéficier de ses avantages, et acheter tout ce que le marketing sait si bien nous vendre.

Les campagnes publicitaires s'adaptent à cette période débridée. Nous nous pâmons devant Myriam qui promet pour un grand afficheur « d'enlever le bas » en buvant du « Perrier, c'est fou ! »

Notre vocabulaire aussi en dit long : « on s'éclate », « on se défonce »... « Ça gaze ? » est alors la phrase rituelle du début de journée. Les plus décontractés répondent un « Ça roule, mec » de bon aloi. Sur ce, on se promet de « se bigophoner » un peu plus tard. À moins d'avoir autre chose à faire, et dans ce cas-là « ça craint ». Sinon, « c'est cool, Raoul »...

Bref, l'époque était pleine de promesses, de chic et de choc, de fric et de frime. Nous avions raison d'en profiter, ça n'allait pas durer.

« C'est cela, oui. »